Avec un plan.

DESCRIPTION DE L'ABBAYE DE LA TRAPPE.

DEUXIE'ME EDITION.

A PARIS,
Chez CHRISTOPHE JORNEL, au dernier Pillier de la Grand' Salle, vis à vis les Requestes du Palais.

M. DC. LXXXII.

Avec Privilege du Roy.

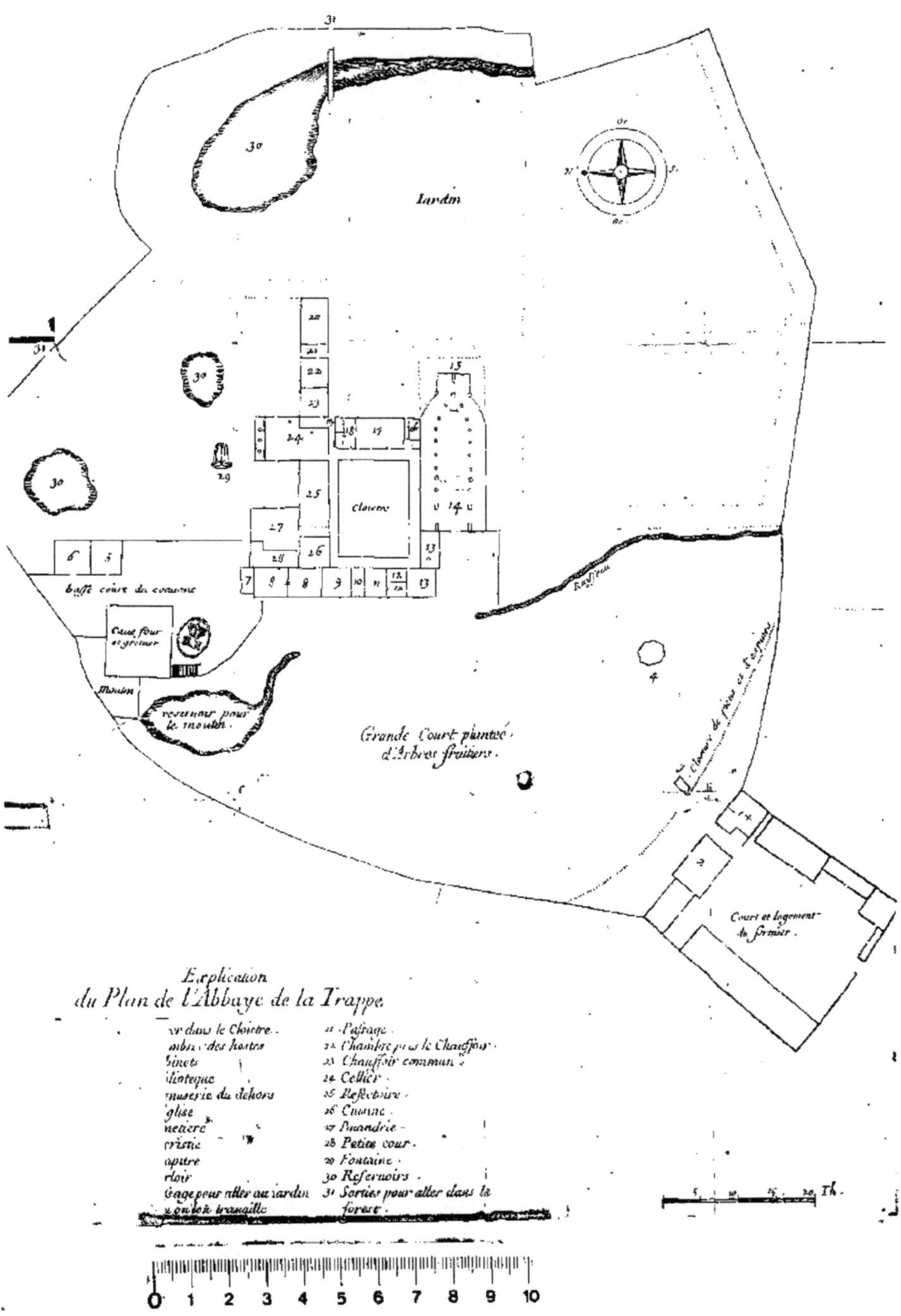
Iardin
Cloistre
Ruisseau
reservoir pour le moulin
Moulin
Grande Court planteé d'Arbres fruitiers
Court et logement du fermier
Explication
du Plan de l'Abbaye de la Trappe
21 Passage
22 Chambre pres le Chauffoir
23 Chauffoir commun
24 Cellier
25 Refectoire
26 Cuisine
27 Buandrie
28 Petite cour
29 Fontaine
30 Reservoirs
31 Sorties pour aller dans la forest
0 1 2 3 4 5 6 7 8 9 10

A MADAME LA DUCHESSE DE LIANCOUR.

ADAME,

Ce n'eſt pas ſans raiſon que je crains de ne pas contenter entierement voſtre pieuſe curioſité, parce qu'il eſt bien difficile que je vous faſſe une deſcription de l'Abbaye de la Trappe, qui puiſſe répondre à la haute idée qu'on en doit avoir ; afin neantmoins de contribuer, autant qu'il me ſera poſſible, à voſtre ſatisfaction, & de vous donner en cette rencontre des marques de mon obeiſſance, je vous rapporteray exactement toutes les choſes que j'en ay appriſes.

Je vous diray donc que dans le dernier voyage que j'y ay fait, j'ay pris un ſoin tout particulier, non ſeulement d'en remarquer la ſituation & d'obſerver la maniere de vivre de ces Anachorettes des derniers temps, mais encore de m'instruire autant que j'ay pû de l'establissement de cette Maison & de tout ce qui s'y est passé jusques à cette heure, en m'adressant à des personnes qui en ont une parfaite connoissance. Et vous verrez, MADAME, que non content de cela, dans le sejour que j'y ay fait, & pendant que les Religieux estoient au travail, j'ay même levé le Plan de tout leur Monastere, que je vous envoye, afin de vous donner une image de leur Maison comme je pretens vous la donner de leur façon de vivre.

Cette Abbaye eſt ſituée dans un grand valon, & la foreſt, & les colines qui l'environnent, ſont diſpoſées de telle ſorte, qu'elles ſemblent la vouloir cacher au reſte de la terre. Elles enferment des terres labourables, des plants d'arbres fruitiers, des paſturages, & neuf eſtangs qui ſont autour de l'Abbaye, & qui en rendent les aproches ſi difficiles, qu'il eſt meſme mal-aiſé d'y arriver ſans le ſecours d'un guide. Il y avoit autrefois un chemin pour aller de Mortagne à Paris, qui paſſoit derriere les murs du jardin; mais quoy qu'il fuſt dans le bois, & à plus de cinq cens pas de la cloſture, & qu'on ne pût le pouſſer plus loin, ſans beaucoup de dépenſe, Monſieur l'Abbé neantmoins l'a fait changer, afin que les environs de leur Monaſtere ſoient moins frequentez. Auſſi n'y a-t'il rien de plus ſolitaire que ce deſert : car encore qu'il y ait pluſieurs Villes & Bourgades à trois lieuës à l'entour, il ſemble pourtant qu'on ſoit dans une terre eſtrangere, & dans un autre pays. Le ſilence regne par tout ; ſi l'on entend du bruit ce n'eſt que le bruit des arbres, lors qu'ils ſont agitez des vents; & celuy de quelques ruiſſeaux qui coulent parmy des cailloux.

Au ſortir de la Foreſt du Perche, lors qu'on vient du coſté du Midy, on découvre cette Abbaye; & bien qu'il ſemble qu'on en ſoit fort proche, on chemine neantmoins prés d'une lieuë, avant que d'y arriver; mais enfin aprés avoir deſcendu la montagne, traverſé des bruyeres, & marché quelque temps entre des hayes, & par des chemins couverts, on arrive à la premiere Cour, où loge le Receveur, & qui est separée de celle des Religieux par une forte palissade de pieux, & d'espines que Monsieur l'Abbè a fait faire depuis qu'il s'y est retiré. C'est-là qu'ayant sonné à la porte, un Frere laïc vient ouvrir. On entre dans une autre grande Cour assez spacieuse & plantée d'arbres fruitiers, dans laquelle à main droite il y a un Coulombier, & à main gauche une autre basse-cour, où sont les greniers, les celliers, les escuries, les estables & les autres lieux necessaires pour la commodité du Convent. Joignant cette basse-cour, il y a un moulin : l'eau qui le fait tourner est un ruisseau qui vient des estangs, & qui apres avoir separé la grande cour d'avec le jardin des Religieux du costé de l'Eglise, traverse sous terre une autre partie de la mesme cour pour se rendre dans un reservoir. Mais avant que de vous parler du Monastere, & des Religieux qui l'habitent aujourd'huy, je croy, MADAME, qu'il est à propos de vous dire quelque chose de la fondation de cette Maison, comment elle est parvenuë dans la reforme, &

ensuite dans cette grande austerité où elle est presentement.

L'Abbaye de nostre Dame de la Maison-Dieu de la Trappe, (car c'est ainsi qu'elle se nomme (fut fondée par Rotrou, Comte du Perche, l'an 1140. & consacrée soûs le nom de la sainte Vierge l'an 1214. par Robert Archevesque de Roüen, Raoul Evesque d'Evreux, & Sylvestre Evesque de Séez. Elle se ressentoit depuis un tres-long-temps de la decadence de l'Ordre de Cisteaux, & estoit tombée dans le déreglement où tout le monde sçait que ſe trouvent encore plu- ſieurs Monaſteres de cét Ordre qui ſont demeurez dans le relaſchement in- troduit depuis 200. & qui n'ont point embraſſé l'ob- ſervance eſtroite de la Re- gle rétablie en France par feu Monſieur le Cardinal de la Rochefoucault, lors que Meſſire Armand Jean Bouthillier de Rancé, Do- cteur en Theologie, pre- mier Aumoſnier de feu Monſieur le Duc d'Or- leans & Abbé Commen- dataire de cette Abbaye, depuis plus de 25. ans, porta par ſes ſoins & ſes frequentes exortations, les Religieux de cette Abbaye à consentir, & demander eux mesmes qu'elle fust mise entre les mains des Peres de l'estroite Observance de Cisteaux, pour y restablir la premiere, & veritable pratique de la Regle. Monsieur l'Abbé de Barbarie de l'estroite Observance, & Visiteur de la Province, s'y estant transporté à la priere de Monsieur l'Abbé de Rancé avec commission de Monsieur l'Abbé de Prieres, Vicaire General, passa un Concordat avec Monsieur l'Abbé, & les Anciens Religieux de la Trappe le 17. Aoust 1662. qui fut ensuite homologué au Parlement de Paris le 16. Février 1663. En vertu duquel les Religieux de l'estroite Observance, entrerent dans le Monastere, & en prirent possession. Et afin de leur donner encore plus de moyen de s'y establir, Monsieur l'Abbé leur céda la terre de Nuisement, dont il joüissoit comme Abbé Commendataire.

Comme ils commençoient de travailler au restablissement de ce Monastere, & taschoient d'y faire revivre le premier esprit des Peres, & des Saints qui en ont esté les Fondateurs, Monsieur l'Abbé qui depuis quelques années s'estoit retiré du monde, & avoit abandonné plusieurs Abbayes, & les autres Benefices qu'il possedoit pour penser uniquement à son salut, fut inspiré de Dieu d'embrasser dans son Abbaye de la Trappe, la vie de l'estroite Observance, & en conceut un desir si ardent qu'ayant obtenu du Roy la permission de tenir cette Abbaye en Regle par un Brevet qui luy fut accordé le 10. May 1663. Il prit l'habit Regulier, & fut admis au Noviciat dans le Monastere de nostre-Dame de Perſeigne, de l'eſtroite Obſervance de Ciſteaux le 13. Juin enſuivant, eſtant pour lors âgé de de 37. ans cinq mois.

Le 12. Mars 1664. comme il eſtoit encore Abbé Commendataire, quoy qu'il euſt pris l'habit de la Religion, il alla de Perſeigne à la Trappe, où dans le Chapitre il fit lecture, en preſence de toute la Communauté, d'un Teſtament qu'il avoit fait en faveur des Peres de l'eſtroite Obſervance de cette Maiſon; confirma de bouche ſes intentions, qu'il avoit exprimées dans ſon Teſtament, pour l'entiere execution duquel il se dépossеda de tous les meubles qu'il avoit dans ce Monastere, & particulierement de tous ses livres, & les mit entre les mains des Religieux, à condition qu'ils ne pourroient estre transportez hors de l'Abbaye, ny mis ailleurs pour quelque raison que ce peust estre; son intention estant qu'ils servissent à l'usage & à l'instruction des Religieux reformez de la Maison. Et au cas que par des evenemens qu'on ne peut prevoir, l'Abbaye rentrast entre les mains des anciens Religieux, & que la reforme cessast d'y estre, il donne sa Biblioteque à l'Hostel-Dieu de Paris, pour estre venduë, & les deniers employez à la nourriture de ses pauvres & malades. Declarant de plus qu'il fait cette disposition, en faveur des Religieux reformez de cette Maison, & de ceux qui leur succederont dans la mesme Observance; ne voulant point que son successeur y ait aucune part, & puisse y rien pretendre, ny mesme qu'il ait aucun usage des livres qu'avec l'agrément, & la permission des Religieux de la Maison.

Le 26. Juin ensuivant yant reçeu ses expeditions de Cour de Rome pour tenir en Regle l'Abbaye de la Trappe qu'il avoit encore en commande, il fit Profession dans celle de Perseigne entre les mains de Dom Michel Guiton Commissaire du R. P. Vicaire General, avec deux autres Novices, dont l'un estoit un de ses anciens domestiques, qui à son exemple quitta le monde, & voulut le suivre dans le desert. Et deux jours apres il y eut encore un autre Religieux qui dans le mesme lieu fit Profession pour la mesme Abbaye.

Le dernier jour du mesme mois, Messire Pierre Felibien Prestre, Bachelier en Theologie de la Faculté de Paris, & Prieur de saint Clementin prit possession de l'Abbaye de la Trappe pour Monsieur l'Abbé, en qualité d'Abbé Regulier, & en vertu de sa Procuration du 27. du mesme mois.

Et le 3. Juillet ensuivant Monsieur l'Abbé receut la Benediction Abbatiale par les mains d'illustrissime, & Reverendissime Pere en Dieu Messire Patrice Plunquet, Evesque d'Arda en Hybernie, dans le Monastere de saint Martin de

Séez, de l'Ordre de ſaint Benoiſt, de la Congregation de S. Maur, aſſiſté de l'Abbé de ce Monaſtere, & de toute la Communauté.

Apres avoir receu la Benediction, qui ne fut pas en luy une ſimple ceremonie, mais une augmentation des graces que Dieu luy avoit faites, il ne penſa plus qu'à faire profiter les talens qui luy avoient eſté confiez, travaillant à ſon ſalut, & à celuy de ſes Religieux, dont il eſtoit devenu le Pere & le Paſteur. Il ſe rendit à cet effet en ſon Abbaye le 14. jour du meſme mois de

Juillet 1664. où il ne fut pas plustost arrivé, qu'il inspira à ses Religieux, non seulement par l'éloquence qui luy est naturelle, le desir de se perfectionner de plus en plus dans les pratiques de l'estroite Observance qu'ils avoient embrassée; mais en peu de temps il les persuada si puissamment par son exemple de reprendre toutes les austeritez & les penitences qui estoient en usage dans l'establissement de cette sainte Regle, qu'il n'y eut point de Religieux qui ne voulust imiter son Abbé, & comme luy s'abstenir de boire du vin, de manger des œufs & du poiſſon, & adjouſter encore à cela le travail des mains l'eſpace de trois heures par chaque jour. Ce que non ſeulement on obſerve dans cette Maiſon, mais meſme toute la Communauté a pluſieurs fois témoigné le deſir qu'elle avoit de s'engager pour toujours, & par un vœu particulier à cette pratique : mais Monſieur l'Abbé a jugé plus à propos de la faire garder avec une tres grande exactitude, & de diſpenſer ſes Religieux du vœu qu'ils en vouloient faire.

Lors qu'il commençoit

donc à voir germer dans cette Maiſon les premieres ſemences de vertu qu'il y avoit répanduës, il fut obligé d'en partir le 24. Aouſt 1664. pour ſe rendre à Paris, & ſe trouver dans une aſſemblée d'Abbez, & de Superieurs de l'eſtroite Obſervance de Ciſteaux qui avoit eſté indiquée au premier jour de Septembre au Colege des Bernardins, & dans laquelle il fut deputé avec Monſieur l'Abbé du Val-Richer pour aller à Rome, & y propoſer les ſentimens des Abbez & des Peres de l'eſtroite Obſervance pour la Reforme generale de l'Ordre l'Ordre de Cisteaux qui se devoit traiter, conformement au Bref de sa Sainteté. De sorte qu'estant revenu à son Abbaye, aprés en avoir donné la conduite à Dom Jean Gaultier Prieur, & à Dom Guillaume Kerviche Sousprieur, il partit le 9. Septembre.

Pendant qu'il demeura à Rome, où la divine Providence n'avoit pas encore permis que les bonnes intentions de ceux qui l'avoient deputé, & les solicitations qu'il y faisoit eussent un heureux succez pour l'avantage de leur Ordre, Dieu répandoit ſans ceſſe de nouvelles graces ſur l'Abbaye de Noſtre-Dame de la Trappe, où l'on voyoit ſouvent quelqu'un venir prendre l'habit ; & embraſſant l'auſterité de leur vie, paroiſtre là comme une plante qui croiſſoit de jour en jour en vertus, & portoit des fruits en ſa ſaiſon. De ſorte que Monſieur l'Abbé eſtant arrivé de Rome le 10. May 1666. il eut cette conſolation à ſon retour de trouver non ſeulement pluſieurs nouveaux Profez & ſon Monaſtere dans la meſme ſorte de vie où il l'avoit laiſſé, mais encore tous ſes

Religieux ſi reſolus à ne s'en point départir, que le Prieur s'eſtant relaſché quelque jours, pendant ſon abſence, à vouloir leur faire ſervir du poiſſon, ils s'y eſtoient tous unanimement oppoſez.

Depuis ce temps-là l'auſterité y a toujours augmenté par l'exemple de Monſieur l'Abbé ; & le nombre des Religieux tellement acreu, qu'il y en a preſentement plus de quarante. Mais parce que vous vous eſtonnerez MADAME, de cé qu'une Maiſon qui n'a que cinq à ſix mille livres de rente, & où ſix Religieux avoient autresfois bien de la peine à vivre , peut aujourd'huy nourir tant de monde , entretenir les bastimens qui leur ont couté beaucoup à reparer , & répandre encore de toutes parts des charitez , & des aumosnes , il faut que j'entre dans le particulier de leur vie , & que je vous dise de quelle maniere toutes choses sont conduites pour faire subsister cette Maison , où à dire vray hors le pain , & une partie de leur cidre , les Religieux recueillent eux-mesmes par le travail de leurs mains ce qu'il faut pour leur nourriture. Je commenceray donc par l'ordre qu'ils obſervent à l'égard des Etrangers.

En arrivant dans cette Abbaye, & aprcs avoir traverſé la grande Cour, plantée d'arbres fruitiers, dont je vous ay parlé, on trouve la porte du Convent, où un Religieux de la Maiſon fait l'office de portier. Lors qu'il a ouvert, on deſcend dans une eſpece de veſtibule qui n'a que quatre toiſes de long, & neuf à dix pieds de large. A main droite eſt une chambre pour recevoir les hoſtes, & à main gauche une ſalle où ils mangent. Pendant que le Religieux qui a ouvert va donner avis à Monſieur l'Abbé, ou au Pere Prieur de l'arrivée de ceux qui ſont entrez, on demeure dans la chambre où l'on peut s'inſtruire de quelle maniere il ſe faut comporter dans ce lieu. Car il y a de petits tableaux attachez contre la muraille où eſt eſcrit.

On ſupplie tres-humblement ceux que la divine Providence conduira dans ce Monaſtere, de trouver bon qu'on les avertiſſe des choſes qui ſuivent.

On gardera dans le Cloiſtre un perpetuel ſilence. Lors que l'on parle dans les lieux destinez pour cela, ou mesme dans les jardins, on le fait d'un ton de Voix le moins elevé que l'on peut.

On évite la rencontre des Religieux autant qu'il est possible en tout temps, sur tout dans celuy du travail manuel.

On s'adresse au portier si l'on a besoin de quelque chose dans le Monastere, parce que les Religieux qui sont estroitement obligez au silence, ne donnent nulle response à ceux qui leur parlent.

Les domestiques n'entrent jamais dans les Cloistres, ny dans la Maison.

On ne se promene point dans les jardins entre onze heures & midi.

L'on peut aussi lire dans le vestibule quelques passages tirez de l'Escriture Sainte, qui sont comme les premiers avis qu'on donne à ceux qui arrivent, & mesme bien souvent les plus longs entretiens que la plus part des estrangers puissent avoir dans cette Maison, où l'on peut dire que les murailles parlent, & que les hommes ne disent mot. Car on void d'abord en entrant ces paroles de Jeremie escrites sur la porte du Cloistre.

SEDEBIT SOLITARIUS ET TACEBIT.

Pour faire entendre à ceux qui aspirent au bonheur de ces Solitaires, qu'ils doivent se preparer à la retraite, & au silence. Et c'est pourquoy l'on a mis au dessous ce passage de Job.

IN NIDULO MEO MORIAR, ET SICUT PALMA MULTIPLICABO DIES MEOS.

Il n'apartient proprement qu'aux vrays Solitaires de dire qu'ils mourront dans leur Maison, lors qu'ils se sont mis en eſtat de n'en ſortir plus. Et comme la palme qui n'eſt point ttanſplantée multiplie ſes branches & ſes fruits à l'infini, de meſme le Solitaire augmente les jours de ſon bonheur, en retranchant du cours de ſa vie ceux qu'il auroit mal-heureuſement paſſez dans le monde.

A l'un des coſtez de ce veſtibule eſt eſcrit.

ELEGI ABJECTUS ESSE IN DOMO DEI MEI MAGIS QUAM HABITARE IN TABERNACULIS PECCATORUM.

Il ſemble que par ces

paroles de David, ces heureux Solitaires ayent voulu prevenir ceux qui pourroient leur demander, pourquoy ils ont quitté le monde, & laissé tant de biens & tant d'honneurs qu'ils possedoient pour mener une vie si austere, & s'abaisser à des employs aussi vils que ceux où ils s'occupent. Car afin qu'on n'interrompe point leur silence par de semblables demandes, il disent clairement qu'ils ont mieux aymé se reduire en un estat vil & abjet pour demeurer dans la Maison de Dieu, que d'habiter avec plus d'esclat dans les Palais des pecheurs. Confeſſant à Dieu meſme qu'un ſeul jour qu'on demeure dans l'entrée de ſon Palais, vaut mieux que mille autres qui ne ſont point accompagnez de ce bon-heur. C'eſt ce qui eſt marqué de l'autre coſté du veſtibule par ces paroles.

MELIOR EST DIES UNA IN ATRIIS TUIS SUPER MILLIA.

Je vous raporte, MADAME, ces penſées qui me rempliſſoient l'eſprit en attendant le retour du portier.

Lors que le Pere Prieur ou quelqu'autre Religieux

eſt venu recevoir les nouveaux Hoſtes, & apres les avoir ſaluez avec beaucoup d'humilité, & de grandes proſternations, il les fait paſſer dans le Cloiſtre, & les conduit à l'Egliſe pour y adorer le ſaint Sacrement. Au retour ils entrent dans la chambre ou dans la ſalle ; & en attendant le repas, un Religieux lit un chapitre de l'Imitation.

Ce qu'on ſert à la table des hoſtes, eſt pareil à ce qu'on donne aux Religieux ; c'eſt à dire qu'on n'y mange que des meſmes legumes, & du meſme pain, & qu'on y boit du cidre comme au refe-ctoire. Les mets ordinaires sont un potage, deux ou trois plats de legumes, & un plat d'œufs qui est la portion extraordinaire des estrangers ; car on ne leur sert point de poisson, bien que les estangs en soient fort remplis. Quelquesfois aussi l'on donne du vin aux personnes incommodées.

Pendant tout le repas on continuë à lire l'Imitation : ce qui ne s'observe que depuis quelque temps ; car auparavant, on commençoit seulement un chapitre, & apres en avoir leu deux ou trois periodes, le Pere Prieur ou celuy des Religieux qui estoit là pour entretenir les Hostes (car il ne mange jamais avec eux) faisoit cesser la lecture, & on avoit alors la liberté de parler de diverses choses. Mais parce qu'on agitoit quelquefois des questions, où la diversité des sentimens de ceux qui se trouvoient là, pouvoit donner lieu à des contestations & à des disputes inutiles, Monsieur l'Abbé qui a une prevoyance extreme, a trouvé le moyen d'en oster les occasions en faisant ainsi lire pendant tout le temps qu'on est à table, apres quoy chacun se retire dans la chambre qu'on luy a destinee.

Les Externes ont un appartement particulier qui a veuë sur la cour, & n'entrent point dans les Cloistres que pour aller à l'Eglise aux heures de l'Office. Il n'y a pas long-temps qu'ils mangeoient au refectoire ; mais Monsieur l'Abbé, voyant que les frequentes visites des gens du monde pouvoient distraire l'esprit de ses Religieux qui ne sont entrez dans cette Solitude, que pour s'esloigner du commerce des Seculiers, a resolu sagement de n'y admettre à l'avenir que peu d'eſtrangers, & ceux qu'il ſçait bien ne pouvoir donner aucune diſtraction à ſes Religieux. Il eſt luy meſme preſentement plus retiré que jamais, & ne parle pas à tous ceux qui viennent pour le voir, parce qu'il ſe trouveroit à la fin engagé à répondre à trop de perſonnes, qui luy déroberoient le temps de ſa retraite. Et quoy qu'il n'interrompe pour qui que ce ſoit les heures de l'Office, & de ſes autres obligations ; & qu'il ne vienne guere de monde qui n'ayent quelques avis à luy demander, il croit neantmoins que la premiere de ſes obligations eſtant celle de travailler à ſon ſalut, & de conduire ſes Religieux, il peut bien ſe diſpenſer des autres devoirs qu'on pourroit deſirer de luy.

Je ne m'arreſteray pas, MADAME, à vous parler de leurs baſtimens, puiſque le plan que je vous envoye vous peut faire connoiſtre de quelle ſorte ils ſont diſpoſez. Vous ſçaurez ſeulement qu'il n'y a aucune piece dans tout le Monaſtere où la magnificence & la curioſité paroiſſent. L'Egliſe n'a rien de conſiderable que a ſainteté du lieu: Elle eſt aſtie d'une maniere gotti-ue, & fort particuliere; ar le bout du coſté du hœur ſemble repreſenter a poupe d'un vaiſſeau, ce qu'il ne faut pas prendre pour quelque noble & ſubtile invention de l'Architecte, puiſque tout l'ouvrage en eſt groſſier, & meſme contre les regles de l'art. Cette Egliſe ne laiſſe pas d'avoir quelque choſe d'auguſte & de divin: Elle n'eſt ny trop ſombre, ny trop eſclairée. Sa grandeur eſt de 22. toiſes de long ſur neuf toiſes de large ou environ: Les aiſles qui tournent au tour ont deux toiſes de larges. Une haute baluſtrade ſepare l'Egliſe en deux, & empeſche que perſonne n'entre par la nef du coſté du cœur. Il y a deux Autels dans la cloſture de cette baluſtrade au deſſous du Crucifix, où l'on dit des Meſſes pour les hommes de dehors qui demeurent au bas de l'Egliſe; car les femmes n'ont pas la liberte d'y entrer: Il y a une Chapelle dans l'avant-cour où les Dimanches & les Feſtes on leur dit la Meſſe. Cette cloſture qui eſt devant le Crucifix ſert de chœur pour les Freres convers,

& entre celle là & le choœur des Religieux; il y a un autre espace qui sert de choœur pour les malades. Celuy des Religieux est garny de 36. chaises hautes, & de 30. chaises basses. L'Autel principal est fort simple; il n'y a qu'un contre-autel de pierre, où est taillé d'une maniere fort antique, nostre Seigneur en Croix & les douze Apostres. Dans le milieu de la plattebande qui regne en haut, & qui sert de frise, est representé un Autel avec du feu allumé, & deux Anges prosternez des deux costez. Au dessus est l'Image de la Vierge

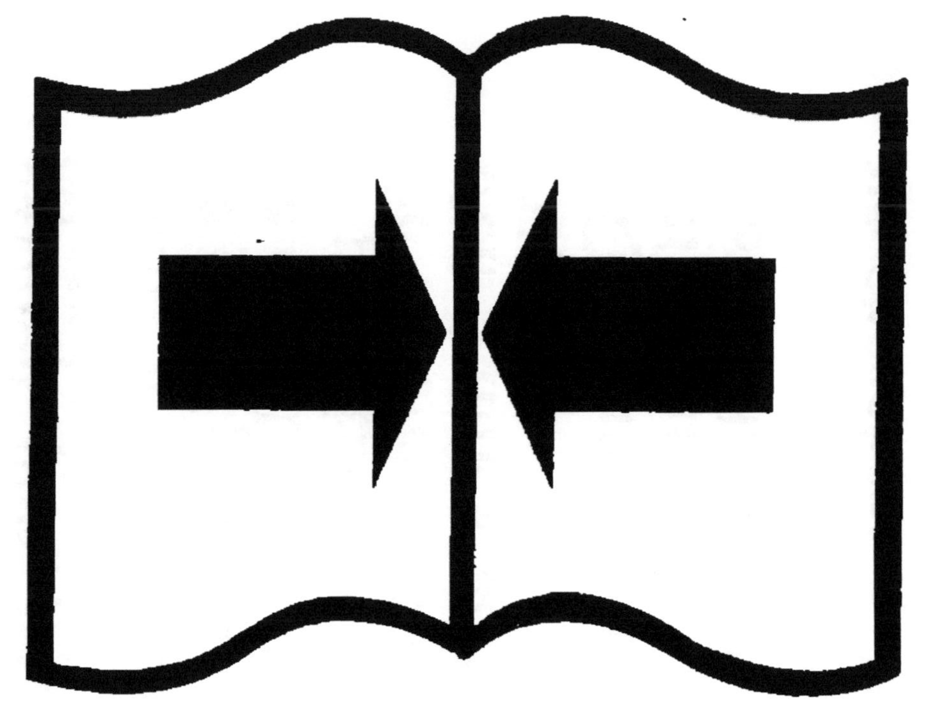

tout debout tenant ſon Fils ſur le bras gauche, & de la main droite un petit pavillon ſous lequel eſt ſuſpendu le ſaint Sacrement, ſelon l'ancien uſage de l'Egliſe. Au deſſous de cette Image, & contre le piedeſtal où elle eſt poſée eſt eſcrit ΘΕΟΤΟΚΩ, c'eſt à dire à la Mere de Dieu.

Quelques Saintes & Auguſtes que ſoient les ceremonies de l'Egliſe, il y a toujours des perſonnes qui ne cherchent qu'à y trouver à redire ; il s'en eſt rencontré qui ont voulu blaſmer cette ſorte de ſuſpenſion, & la faire paſſer pour une nouveauté, & mesme une injure à l'honneur de la Vierge, de faire servir son Image à porter le Saint Ciboire : mais ceux là ignoroient qu'en cela on a suivi l'ancienne pratique de l'Ordre de saint Benoist. Car autrefois le Saint Sacrement estoit soutenu de la mesme maniere par l'Image de la Vierge sur le grand Autel de Cisteaux ; & ce n'est que dans les derniers temps qu'on a changé dans les Monasteres de cét Ordre cét usage, pour suivre celuy qui s'est introduit depuis peu de faire des Tabernacles sur les Autels. L'on peut meſme dire qu'il y auroit quelque ſorte d'impieté de ne pas vouloir que l'Image de la Vierge ſerve à ſoutenir le Saint Sacrement, puiſque la Foy nous oblige de croire que le ſacré Corps de JESUS-CHRIST, y eſt réellement; & que le plus grand honneur que ſa Sainte Mere pourroit reçevoir ſeroit de le porter encore; elle dont toute la gloire, & le bon-heur a eſté de l'avoir porté dans ſes entrailles, & allaité de ſes mamelles. Auſſi Monſieur l'Abbé, comme pour prevenir cette offence qui ſeroit injurieuſe non ſeulement

lement à la Mere, mais au Fils, a fait ces deux Distiques, où il montre l'honneur que la Vierge reçoit de porter encore aujourd'huy le Corps glorieux de ſon Fils, & qu'elle ſeule eſt digne d'un ſi ſaint employ.

Si quæras natum cur matris dextera geſtat.
Sola fuit tanto munere digna parens.
Non poterat fungi majori munere mater,
Nec poterat major dextera ferre Deum.

Il n'y a ſur l'Autel qu'un petit Crucifix d'Ebene, & aux deux extremitez du contre-Autel, deux plaques de bois d'où ſortent deux branches qui portent deux cierges qu'on n'allume que pendant la Meſſe. Aux jours de Feſtes l'on met de doubles branches; & ainſi au lieu de deux cierges, il y en a quatre avec deux autres qui ſont contre les pilliers les plus proches & qu'on allume à l'élevation : Il n'y a ny chandeliers d'argent, ny d'autres riches ornemens; les chaſubles, & les paremens meſme des Autels ne ſont pas de ſoye, quoy qu'il y en ait quelques-uns dont l'on ſe ſervoit autrefois. Comme Monſieur l'Abbé ne cherche qu'à ſe conformer en toutes choses à l'esprit des premiers Fondateurs de l'Ordre, & particulierement de Saint Bernard, qui declame si fort contre les Religieux qui parent leurs Eglises d'argenteries, & y font voir une magnificence mondaine, il s'efforce autant qu'il peut de garder en toutes choses cette simplicité, & cette marque de pauvreté si bien-seante aux Religieux, & qui doit estre leur unique partage. Il est vray aussi que cette Eglise inspire beaucoup plus de dévotion par sa simplicité, que plusieurs autres dont les Autels sont chargez de riches chandeliers, & de vases precieux; & l'odeur que la pieté de ces bons Religieux y répand par leurs continuelles & ferventes Oraisons, est un parfum bien plus agreable à Dieu, que tous ces encens, & ces cassolettes qui fument en d'autres lieux. Car c'est MADAME, de leur maniere de prier, dont il faut que je vous parle, & que je vous dise de quelle sorte ces heureux Anachorettes vivent dans ce Monastere, où toutes leurs actions sont une continuelle priere à Dieu.

En Esté ils se couchent

à huict heures & en Hyver à ſept. Ils ſe levent la nuit à deux heures pour aller à Matines, qui durent ordinairement juſques à quatre heures & démie, parce qu'outre le grand Office, ils commencent toujours par celuy de la Vierge, & entre les deux ils font une Meditation de demy-heure. Les jours où l'Egliſe ne ſolemniſe la Feſte d'aucun Saint, ils recitent encore l'Office des Morts. Au ſortir de Matines, ſi c'eſt l'Eſté, ils peuvent s'aller repoſer dans leurs cellules juſques à Prime : mais l'hyver ils vont dans une chambre commune proche du chauffoir, ou chacun lit en particulier. Les Preſtres prennent preſque toujours ce temps là pour dire la Meſſe ; & ſouvent Monſieur l'Abbé demeure auſſi à l'Egliſe pour les confeſſer : car il eſt le Confeſſeur auſſi bien que le pere de ſes Religieux.

A cinq heures & demie on dit Prime, qui dure une bonne demie-heure. Enſuite ils vont au Chapitre, où ils ſont encore environ demie-heure, excepté certains jours qu'ils y demeurent davantage, auſquels jours Monſieur l'Abbé leur fait de doctes Predications. Sur les ſept heu-res on va travailler. C'eſt à dire que chacun quittant ſon habit de deſſus qu'ils appellent une Coule, & retrouſſant celuy de deſſous, ils ſe mettent les uns à labourer la terre, les autres à la cribler, d'autres à porter des pierres, chacun recevant ſa taſche ſans choix, ny élection de ce qu'il doit faire. Monſieur l'Abbé luy meſme ſe trouve le premier au travail, & s'employe plutoſt qu'aucun autre à ce qu'il y a de plus vil, & de plus penible. Lors que le temps ne permet pas de ſortir, il nettoyent l'Eglise, balayent les Cloistres, escurent la vaisselle, font des lescives, espluchent des legumes, & quelquesfois ils sont deux ou trois assis contre terre, les uns auprés des autres à ratisser des racines sans jamais parler ensemble. Il y a aussi des lieux destinez à travailler à couvert, ou plusieurs Religieux s'occupent les uns à escrire des livres d'Eglise, les autres à en relier, quelques-uns à des ouvrages de menuiserie, d'autres à tourner, & ainsi à differens travaux utiles; n'y ayant guere de choses necessaires à la Maiſon, & à leur uſage qu'ils ne faſſent eux meſmes. Mais ils ne s'apliquent jamais à aucun ouvrage curieux, & qui puiſſe attacher trop agreablement l'eſprit, parce qu'une des maximes de ce digne Abbé, eſt que celuy qui s'eſt retiré dans la Solitude pour ne poſſeder plus que Dieu, ne s'en doit point deſtourner pour s'attacher d'affection à des choſes vaines, mais demeurer continuellement uny à Dieu; s'entretenant ſans ceſſe dans l'amour de cette ſuprême beauté qui doit eſtre l'objet de tous ſes deſirs.

Lors qu'ils ont travaillé une heure-&-demie, ils vont à l'Office qui commence à huict heures-&-demie. On dit Tierce, & en suitte la Messe & Sexte. Ce qui est digne de consideration est la maniere, dont ces Religieux font l'Office: car vous les voyez d'une voix ferme, & d'un ton grave chanter les loüanges de Dieu; mais sur tout avec un air si devot, qu'il est aisé de juger que leur cœur bien plus encore que leur bouche prononce ces divins Cantiques, dont ils font retentir l'Eglise; & je vous avouë qu'il n'y a rien qui touche le cœur, & qui eſleve davantage l'eſprit à Dieu que de les entendre chanter à Matines. Car leur Egliſe n'eſtant eſclairée que d'une ſeule lampe qui eſt devant le grand Autel, horſmis les jours des grandes Feſtes qu'on en allume une au milieu du Chœur des Religieux, & une autre devant le Crucifix, l'obſcurité, & le ſilence de la nuit fait que l'ame ſe remplit de cette onction ſacrée qui eſt répanduë dans tous les Pſeaumes, & que penetrée de ces traits ardans qui ſortent du profond de leur cœur, elle ſe ſent doucementenflamée de ce mesme amour qui les consomme. Leur chant est expressif, & agreable, & soit qu'ils soient assis, soit qu'ils soient debout, soit qu'ils s'agenoüillent, soit qu'ils se prosternent, c'est avec une humilité si profonde, qu'on voit bien qu'ils sont encore plus soumis d'esprit que de corps. Quelque modeste que soit leur contenance, & dans quelque estat d'humilité qu'ils se mettent, on ne remarque jamais aucun signe de tristesse, ou d'abatement sur leurs visages, ny d'affectation ou de contrainte dans toutes leurs actions; la joye est respanduë par tout, & leurs voix & leurs mouvemens libres & naturels font juger du plaisir qu'ils goustent dans ce saint exercice, & avec combien d'amour ils satisfont à tous les devoirs de leur Regle.

Lors qu'ils ont dit Sexte ils se retirent dans leurs chambres jusques à dix heures & demie, c'est à dire environ demy-heure, pendant laquelle ils peuvent s'appliquer à quelque lecture. Aprés cela ils vont à l'Eglise chanter None, si ce n'est aux jours de jeusnes de l'Eglise, que l'Office est retardé, & qu'on ne dit None qu'un peu avant midi, & en ſuitte l'on va au Refectoire.

C'eſt là MADAME, que paroiſt la frugalité ou plutoſt la meſme auſterité des premiers Solitaires. Le Refectoire eſt fort grand : Il y a un long rang de tables de chaque coſté. Celle de Monſieur l'Abbé eſt en face au milieu des autres, & contient les places de ſix ou ſept perſonnes. Il ſe met à un bout ayant aupres de luy à ſa main gauche le Pere Prieur, & à ſa main droite les Eſtrangers, lors qu'il y en a qui mangent au Refectoire, ce qui n'arrive gueres présentement. Ces tables sont nuës & sans napes, mais fort propres : chaque Religieux a sa serviette, sa tasse de fayence, son couteau, sa cueillier & sa fourchette de buis, qui demeurent toujours en mesme place. Ils ont devant eux du pain plus qu'ils n'en peuvent manger. Un pot d'eau ; un autre pot d'environ chopine de Paris, un peu plus qu'à moitié plein de cidre, parce que ce qui manque pour le remplir on le garde pour leur colation, n'ayans en tout qu'une chopine par jour. Leur pain est fort bis

& gros, car on ne fass point la farine ; elle est seulement passée par le crible, ainsi presque tout le son y demeure ; & si cela ne se pratique pas dans tous les Monasteres du mesme Ordre, c'est pourtant un des points de l'ancienne Regle de Cisteaux que l'on observe exactement dans cette Maison. On leur sert un potage quelquefois aux herbes, d'autrefois aux poids, ou aux lentilles, & ainsi differemment d'herbes & de legumes avec deux petites portions aux jours de jeusnes, sçavoir un petit plat de lentilles, avec un autre d'eſpinars, ou de féves, ou de boulie, ou du gruau, ou des carottes, ou quelques autres racines ſelon la ſaiſon, & que cela ſe rencontre, car on n'affecte pas de diverſifier leur mets à tous les repas. Leurs potages ſont toujours ſans beurre, & ſans huille, & dans les autres choſes ils n'y en mettent que tres rarement, & jamais aux jours de jeuſnes de l'Egliſe. Leurs ſauces ordinaires ſont faites avec du ſel & de l'eau eſpaiſſie avec un peu de gruau. & quelquesfois un peu de lait; mais veritablement ils en mettent ſi peu quand ils en font du potage aux choux ou á la citroüille, que l'eau n'en est que blanchie, encore n'en usent ils point du tout dans les temps qu'ils s'abstiennent de beure & d'huile ; leur boüillie n'estant faite alors qu'avec de la farine, de l'eau & du sel. Lors qu'on leur sert des bettes raves, j'ay remarqué qu'on presente de l'huile dans une écuelle à chaque Religieux ; quelques uns en prennent un peu dans leur cuillier, d'autres se contentent de les manger seulement avec le sel & le vinaigre. Il y a aussi des legumes, comme les arti-

haux & les asperges, qui
our leur sembler trop de-
icates ne sont point ser-
ies sur leurs tables, ny
ultivées dans leur jardin.
Au dessert on leur donne deux pommes ou deux poires cuittes ou cruës. Tous les Religieux & Converts se trouvent au Refectoire, le Portier mesme aporte les clefs du Convent à Monsieur l'Abbé. Il n'y a que celuy qui fait la cuisine, celuy qui sert à table, & celuy qui lit durant le repas qui mangent apres les autres. Lors que ces bons Religieux se sont ainsi repeus selon le corps & l'ame tout ensemble,

ils rendent graces à Dieu, vont à l'Eglise achever leurs prieres. Au sortir de l'Eglise ils se retirent dans leurs cellules où ils peuvent s'appliquer à la lecture & à la contemplation, sans en estre empeschez par les vapeurs du vin & des viandes, qui remplissant le cerveau de nuages grossiers, rendent l'esprit incapable d'aucune Meditation apres le repas. Quelquesfois aussi ils prennent ce temps là pour entretenir Monsieur l'Abbé, lors qu'ils ont quelque chose à luy découvrir touchant l'estat de leur ame; allant à luy comme à une ſource d'eau vive & ſalutaire, dont ils ſe rafraichiſſent, n'en ſortant jamais que fortifiez & remplis de nouvelles graces. Car je vous diray icy en paſſant que quand ils entrent dans le Noviciat, ils commencent par une Confeſſion generale à luy faire voir l'interieur de leur conſcience, & en ſuite ne ſe confeſſent plus à d'autres qu'à luy. C'eſt par là qu'il connoiſt parfaitement leur eſprit; qu'il voit s'ils ont une veritable vocation pour embraſſer la vie auſtere de cette Maiſon, & qu'il juge de leur capacité pour les emplois

aufquels il les deftine. C
foin tout particulier qu'i
prend de la conduite d
leur ame , bien loin d
leur déplaire ou de les con
traindre en quelque forte
leur eft fi agreable , qu'il
ont mefme de la peine
fe Confeffer à d'autres
lors qu'il leur en donne l
liberté ; & bien qu'il ai
une telle exactitude à le
corriger , qu'il paroiff
mefme fevere en public
c'eft neantmoins avec u
amour & une tendreffe f
grande qu'il leur parl
dans le particulier , qu'il
n'ont point de plus gran-
de joye que quand ils peuvent l'entretenir.

A une heure ou environ, l'on ſonne pour aller au travail, reprendre celuy qu'ils ont quitté le matin, ou en commencer un autre; ainſi ils acompliſſent deux fois le jour ce precepte de l'Eſcriture, qui ne veut pas que celuy-là mange, qui ne gagne point ſa nourriture par ſon travail: Et labourant eux meſmes la terre pour vivre de l'ouvrage de leurs mains, la ſueur de leurs viſages eſt la premiere eau dont ils l'arroſent.

Apres une heure-&-demie, & quelquesfois deux heures de travail on ſonne la retraite, & alors chacun quitte ſes ſabots, remet ſes outils dans un lieu deſtiné à cela, reprend ſa coule & ſe retire dans ſa chambre à lire ou à mediter juſques à Veſpres qu'on dit à quatre heures. Elles durent environ trois quarts d'heure, & à cinq heures on va au Refectoire, où chaque Religieux trouve pour ſa colation un morceau de pain de quatre onces, le reſte de ſa chopine de cidre, qui n'eſt pas un demy ſeptier, avec deux poires ou deux pommes ou quelques noix aux jeûnes de la Regle; mais aux jeûnes de l'Egliſe, ils n'ont que deux onces

de

e pain & une fois à boi-
e. Les jours qu'ils ne jeû-
ent pas, on leur donne
our leur souper le reste
de leur cidre, une portion
de racine, & du pain com-
me à disner avec quelque
pomme ou poire au des-
sert ; mais aussi le matin
on ne leur presente qu'u-
ne portion de legumes a-
vec leur potage. Quand
ils ne font que colation
un quart d'heure leur suf-
fit, de sorte qu'ils ont encore une demie-heure pour
se retirer, aprés laquelle
ils se rendent dans le Chapitre, où l'on fait la lecture de quelque livre de pieté jusques à six heures

qu'on va dire Complies, & en suite l'on fait une Meditation de demie heure. Au sortir de l'Eglise on entre au Dortoir, aprés avoir receu de l'eau Beniste de la main de Monsieur l'Abbé: Et à sept heures on sonne la retraite afin que chacun se mette au lit, c'est à dire se coucher tout vestu sur des ais, où il y a une paillasse piquée, un aurillier rempli de paille, & une couverture, car jamais ils ne se deshabillent; mesme lors qu'ils sont malades. Toute la douceur qu'ils reçoivent à l'Infirmerie, c'est que leurs paillasses ne sont pas piquées:

Il arrive aussi rarement, quelques malades qu'ils soient, qu'on leur donne du linge, si ce n'est dans des maladies extraordinaires & tout à fait particulieres: Du reste ils y sont soigneusement gouvernez, & mangent des œufs & de la viande de boucherie: car pour la volaille ils n'en usent point du tout, non plus que de fruits confis ou sucrez.

Mais je ne dois pas oublier de dire que les infirmitez du corps qui sont dans les autres Monasteres un grand empeschement à la profession d'un Novice, sont icy une marque de ſa vocation. Monſieur l'Abbé n'en refuſe jamais pour eſtre ſujets à quelques maladies, parce qu'il ne craint point que la Communauté en ſoit incommodée, ny qu'ils ſoient Religieux, puiſque la charité Chreſtienne les oblige à s'aſſiſter les uns les autres, & que bien loin de fuir la peine, ils doivent embraſſer toutes ſortes de travaux, & rechercher meſme les occaſions de ſouffrir davantage. Il regarde que ceux qui entrent dans cette Maiſon n'y viennent que pour mortifier leur chair, & la rendre obeïſſante à l'eſprit par les jeûnes & les disciplines ; Et comme il n'y a point de plus grande marque de la misericorde divine sur les hommes que d'estre affligez par des maladies, celuy est un témoignage qu'ils sont particulierement apellez de Dieu, puis qu'il les met luy mesme dans cette voye pour les purifier, & pour les conduire à la sainteté de vie que les autres taschent d'aquerir par les austeritez. Mais ce qu'il considere le plus, est la disposition interieure de leur ame, prenant soigneusement garde s'ils sont fort soumis & fort recueillis ; n'en recevant point qui se répandent, & se dissipent dans les choses vaines & frivoles, de crainte qu'un seul de ceux-là ne corrompe tous les autres qui n'ont embrassé cette sorte de vie que pour ne penser plus qu'à Dieu.

Voila, MADAME, quelle est la maniere de vivre de ces Solitaires, & quels sont les exercices dont ils remplissent ce vuide & ces momens que ceux du monde trouvent souvent si ennuyeux & si longs, qu'ils cherchent toutes sortes de divertissemens pour passer plus insensiblement une vie qui pourtant leur paroiſt ſi courte : Je ne doute pas que celle-cy ne leur ſemble affreuſe quand ils aprennent ce renoncement à tous les plaiſirs ; cette mortification, & cette auſterité dans le boire, & dans le manger ; ce jeûne quaſi continuel, & ſi grand que d'un repas à l'autre composé de ce que je vous ay dit, il faut que la plus grande partie de l'année le corps ſubſiſte vingt-quatre heures ſans rien prendre que deux poires ou deux pommes avec un fort petit morceau de pain, quoy qu'ils travaillent plus de trois heures, & qu'ils en passent plus de huit à chanter l'Office divin ; Ce silence si exactement observé, qu'en quelque lieu qu'ils se trouvent, dans le travail mesme, & pour quelque occasion que ce soit, ils ne se parlent jamais sans la permission du Superieur. Mais sur tout cette uniformité de vie où la nature ne trouve aucun relasche ny aucun soulagement par la diversité mesme ou le changement des austeritez & des travaux. Cependant il ne paroist point que cela donne aucune peine à ces bons Religieux. L'amour de Dieu leur rend toutes choses douces ; & quelque pe-ſante que ſoit la Croix qu'ils portent , ils la trouvent encore trop le-gere. Jamais on ne les void ſe plaindre , ny fuir le tra-vail ; chacun y court avec un plaiſir & une joye ex-traordinaire ; ils ont les uns pour les autres un reſ-pect & une charité vraye-ment fraternelle. Vous voyez dans les Novices une ſoumiſſion d'Enfans, quoy que de douze ou treize qu'ils ſont preſen-tement la plus part ſoient Preſtres , & quelques-uns agez de plus de cinquan-te ans. Cet eſtat ne leur eſt point honteux ; c'eſt dans les humiliations qu'ils trouvent leur gloire, & tous ces hommes Saints qui pouvoient paroiſtre dans le monde avec eſclat & avec eſtime, ayant renoncé à tout ce que le ſiecle a de plus charmant, & de plus doux pour s'enſevelir dans la ſolitude, & demeurer dans l'abaiſſement, n'ont d'amour que pour les plus rigoureuſes auſteritez.

Ce ne ſont point des Eſclaves timides & laſches conduits par un vaillant Capitaine: ce ſont des perſonnes libres, & genereuſes qui marchent ſur les pas de leur Chef; qui luy obeïſſent avec un amour extréme, & qui comme luy ſont continuellement ſous les armes pour s'oppoſer aux attaques des Demons. En effet ils le voyent toujours à leur teſte; va-t-on à l'Egliſe? il y eſt le premier, & n'en ſort qu'apres les autres. Au Refectoire il y vit encore plus auſterement que tous, ne mangeant d'ordinaire qu'une portion de ſon diſner, & s'impoſant à ſoy-meſme de tres rudes penitences. Va-t-on au travail? il choiſit le plus penible, & s'épargne ſi peu, que dans l'Eſté il en ſort de meſme que ſes Religieux, tout trempé de ſueur pour aller à l'Egliſe, où alors il fait tres-froid : Ainſi ils demeurent tous avec une eau ſur le corps qui ſe conſerve de telle ſorte dans leurs habits de ſerge, que ſouvent ils retournent le lendemain au travail encore moüillez de celuy du jour precedent.

Outre toutes les peines que Monſieur l'Abbé partage avec ſes Religieux, il en ſouffre encore de particulieres, par le ſoin qu'il prend à veiller ſur leurs actions. Non ſeulement il va luy meſme dans tous les lieux où ils ſont occupez pour voir comment ils s'y comportent, de crainte qu'insensiblement quelqu'un d'eux ne tombe dans le relachement, & ne vienne à se répandre dans les choses exterieures. Mais il a encore une application extraordinaire à les observer lors qu'ils sont dans le travail manuel. Il regarde ceux qui agissent avec trop de chaleur; & quand il voit qu'ils ont travaillé trop rudement à remuer la terre ou à porter quelque fardeau, il les oblige de quitter pour prendre un rateau, esplucher des legumes ou faire d'autres choses moins penibles. Ainsi ayant continuellement les yeux ſur eux , il excite les moins actifs, & retient ceux qui ont trop d'ardeur. Mais ce qu'il pratique à l'égard des exercices du corps, il l'obſerve auſſi pour ceux de l'ame ; Car s'il ne découvre pas dans ſes Religieux la moindre imperfection ſans les en corriger auſſi-toſt, il a auſſi une diſcretion admirable à ne les pas ſurcharger de penitences, croyant qu'il ſeroit également coupable devant Dieu de leur eſtre trop rude ou trop indulgent. Enfin n'ayant d'autres penſées que d'unir ces ſaintes ames par les iens de la charité, & d'allumer en elles de plus en plus ce feu divin, dont son cœur brusle continuellement, on voit qu'il n'oublie rien de tout ce qui peut augmenter davantage leur amour envers cette souveraine Beauté, pour laquelle il n'a point de jalousie, mais qu'il voudroit voir adorée de toute la terre avec la mesme ardeur dont il en est espris. Il y a un Parloir dans le Cloistre où il entretient quelquefois ses Religieux, lors qu'ils ont quelque chose à luy dire : j'ay remarqué qu'il a fait écrire contre un costé de la muraille ces belles paroles de Saint Augustin.

RETINEBANT NUGÆ NUGARUM ET VANITATES VANITATUM ANTIQUÆ AMICÆ MEÆ.

Et de l'autre costé :

SERO TE AMAVI PUECHRITUDO TAM ANTIQUA ET TAM NOVA, SERO TE AMAVI.

Ces paroles ſont là comme un monument public des ſentimens religieux qui occupent ſon ame. Et en confeſſant que les vains amuſemens, & les folles vanitez du monde ont esté les liens qui l'y ont retenu, il exprime le regret qu'il a d'avoir esté si longtemps sans connoistre, & sans aymer cette eternelle Beauté si ancienne, & si nouvelle.

On voit encore au fond du mesme Parloir, ces mots escrits contre la muraille.

IN ME SUNT DEUS VOTA TUA.

Où il expose à Dieu l'estat present de son ame, & comme il est toujours le seul & unique objet de ses desirs.

Tout cecy, MADAME,

n'eſt qu'une image des choſes exterieures qui ſe peuvent remarquer dans cette heureuſe Solitude. Mais ſi l'on pouvoit bien voir & bien décrire ce qu'il y a d'interieur & de caché dans ces Solitaires, on en feroit un Tableau incomparablement plus admirable que celuy que je viens de faire.

De quelles couleurs pourroit-on repreſenter tout ce qui ſe paſſe dans le fond de leur ame ; cette ſource ineſpuiſable d'humilité, de reſpect, & de ſoumiſſion que les Religieux ont pour leur Abbé ? Quels traits pouroient marquer le zele & l'amour de Monſieur l'Abbé pour eux ? Sa vigilance continuelle que je viens de dire à les obſerver ; Son application à tous leurs beſoins, ſans neantmoins ſe diſtraire jamais pour s'apliquer aux choſes temporelles, & ſe mettre en peine ſi les revenus de l'Abbaye ſont ſuffiſans pour ſoutenir une Communauté qui augmente tous les jours. Il y penſe ſi peu, qu'ils les conſidere comme un peſant fardeau, & les croit meſme d'autant plus embaraſſans qu'ils ſont inutiles à des Religieux qui peuvent vivre de peu de chose, & ne doivent regarder que les biens eternels. Je luy ay oüy dire qu'il auroit une joye extreme, s'ils n'en possedoient aucuns, & qu'ils n'eussent pas mesme de bastimens pour se loger. „Nous ferions disoit-il „dans ces bois, & autour „de ces estangs de peti„tes cabanes, comme les „Anciens Solitaires de la „Thebaïde. Nous trouve„rions assez dequoy nous „nourrir, & estans moins „riches des biens de la ter„re, nous travaillerions „davantage pour acque„rir les biens du Ciel.

Aussi ne parle-t-on point

d'affaires ny de procez
dans ce lieu-là ; le Procu-
reur de la Maison n'est jamais occupé à ces fascheu-
ses solicitations. C'est un
si grand mal au sentiment
de ce saint Abbé, qu'il ne
croit pas que pour rien du
monde des Religieux en
doivent avoir. Dans quel- “
que nécessité, me disoit- “
il un jour, que nous “
puissions estre de conser- “
ver nostre bien ; quel- “
que injustice qu'on nous “
fasse, je ne croy point “
que nous devions quit- “
ter nos cellules, & trou- “
bler la paix de nos ames “
pour demander ce qui “
nous appartient, ou “

„nous deffendre contr
„ceux qui veulent nou
„oster nostre bien. Com
„me il n'y a point de
„grand mal que les pro
„cés, il n'y a rien qu'o
„ne doive faire pour le
„éviter ; Et pour moy j
„croy que si l'Escriture
„enseigne de donner mes
„me nostre robe à celuy
„qui nous veut oster le
„manteau, c'est particu
„lierement pour les Reli
„gieux que ce precepte
„est écrit, lesquels bien
„loin de chercher à ac-
„croistre leurs revenus,
„les doivent abandonner
„à la violence des usurpa-
„teurs plutost que de sor-

ir de leur Solitude pour "
s'y opposer. "

Ainsi il conseille à ses Religieux de n'entrer jamais dans des procés quelque juste sujet qu'ils en ayent ; S'il est si grand, " dit il, qu'il semble ne- " cessaire de ne le pas souf- " frir, allez trouver celuy " qui veut prendre vostre " bien ; avertissez-le cha- " ritablement de l'injusti- " ce qu'il vous fait, & du " mal qu'il se fait à luy mes- " me ; Que si son cœur en- " durcy ne vous écoute " pas, rendez vostre plain- " te aux Juges establis pour " conserver vos droits, & " aprés cela demeurez en "

„paix ; ne vous troublez „point, il n'arrivera que „ce que la divine Provi„dence en aura arresté.

Ce sont là les sentimens de cet homme incomparable, qui est bien éloigné de vouloir accroistre le domaine de son Abbaye ; & sous un specieux pretexte de conserver le bien des pauvres, déterrer de vieux papiers pour rendre pauvres des veuves & des orfelins par des procez & des chicanes.

Il ne se contente pas de donner ces enseignemens, il les met en pratique. Il y a quelques années qu'un Seigneur de grande qualité

ité, aquiſt en ces quartiers-là une terre chargée d'une petite rente envers l'Abbaye de la Trappe. Le decret s'en eſtoit fait ſans que Monſieur l'Abbé ny les Religieux en euſſent rien ſçeu, & ainſi il n'y eut point d'oppoſition de leur part pour la conſervation de leurs droits. A quelque temps de là, ayant fait demander à ce Seigneur les arrerages qui eſtoient eſcheus, il fit voir par ſon decret qu'il ne devoit rien, ayant aquis ſa terre ſans qu'elle paruſt chargée d'aucune redevance envers eux. Cette reſponſe leur ſuffit; Ils ne ſe mirent point en peine de chercher des moyens pour ſe faire payer. Ils demeurerent dans le ſilence, & dans le repos fort conſolez de cette perte. Cependant Dieu parla pour eux au fond du cœur de cette perſonne de qualité, luy fit connoiſtre que leur modeſtie ne les devoit pas priver de ce qui leur eſtoit dû. De ſorte qu'encore qu'il ne cruſt pas eſtre obligé de s'eſtablir nouveau debiteur envers eux, leur conduite neantmoins & cette odeur de Sainteté dont ils parfument tous ces quartiers, le porta à les reconnoiſtre pour le principal de leur rente, & payer les arrerages escheus. Voila comment Dieu benit toutes les bonnes intentions, & l'on voit dans cette rencontre deux excellentes pratiques de la charité que Saint Paul demande aux vrays Chrestiens ; l'une des Religieux à souffrir patiemment, & sans aigreur la perte de leur bien, & l'autre de ce Seigneur à ne pas rechercher ses propres interests, mais de les abandonner plustost que de les preferer à la Justice qu'on doit rendre à un chacun, & en toutes occasions. Ce qui devroit servir d'un bel exemple à ceux qui abusant du droit de prescription que la Loy n'a estabi que contre des pretentions injustes, s'en servent pour ne pas payer ce qu'ils sçavent devoir justement.

Mais la charité de Monsieur l'Abbé & de ses Religieux, ne s'estend pas seulement à abandonner leur bien, & souffrir que des usurpateurs en joüissent paisiblement. Le péché de ceux qui le possedent estant la seule chose qui peut les affliger, ils font ce qu'ils peuvent pour sauver leurs ames. Depuis quelques temps il leur appartient par droit de confiſcation des heritages ſci-tuez aux environs de leur Abbaye, dont certains par-ticuliers ſe ſont emparez ſans juſques à preſent leur en faire aucune raiſon : Il ne faudroit pas beaucoup de procedures pour l'ob-tenir en Juſtice ; Cepen-dant ils regardent, ainſi que j'ay dit, les procés & les conteſtations comme des maux ſi dangereux, que l'ombre ſeule du moindre petit differend les eſpou-vante. Voicy donc quel eſt leur deſſein. Nous " ferons venir, me diſoit " Monſieur l'Abbé, les per- " ſonnes qui poſſedent ce " s leur repreſen- "

„ terons l'injuſte uſurpa-
„ tion qu'ils en ont fait ;
„ Et en meſme temps, par-
„ ce qu'ils ne ſont pas en
„ volonté ou en pouvoir
„ de s'en deſſaiſir, nous
„ leur en ferons un don,
„ afin de contribuer autant
„ que nous pourons à la dé-
„ charge de leur conſcien-
„ ce.

Vous pouvez bien MADAME, vous imaginer que des Religieux ſi deſintereſſez, ne ſongent point à acquerir de nouvelles terres, à faire des conſtitutions, ny meſme par une prudence trop charnelle, mettre en reſerve quelque choſe de leur revenu pour ubvenir aux necessitez es mauvais temps qui euvent arriver. Cela est i opposé à leur conduite, que Monsieur l'Abbé ne croit pas pouvoir garder la moindre chose ; & quand il arriveroit que les années seroient si fertiles, & si abondantes qu'il n'y eust point de pauvres à secourir ; il ne veut pas qu'on amasse quoy que ce soit pendant qu'il se presentera quelqu'un qui en aura besoin, repetant souvent que la charité chrestienne ne souffre pas qu'on renvoye son frere sans le secourir dans ses necessitez ; & que l'Escriture nous aprend que nous ne devon point nous mettre en peine du lendemain.

C'eſt par ce des-intereſſement, & ce meſpris pour tous les biens de la terre que ces heureux Solitaires s'eſlevent continuellement vers le Ciel. Auſſi quand ils entrent dans cette Maiſon, c'eſt comme dans un Sepulchre où ils s'enterrent tous vivans. Ils n'aſpirent plus qu'à ſe décharger de ce corps mortel, & demandent ſans ceſſe à Dieu avec Saint Paul, quand arrivera le jour bien heureux qu'ils en ſeront deſlivrez. C'eſt de ce deſir dont ils s'entretiennent dans le ſilence qu'ils obſervent ſi reguliere-ment. Et lors que dans lés jours de Conference qui ſont pour eux des jours de recreation, ils ſe trouvent aſſemblez au bout de quel-que allée, ou dans quel-que endroit du bois au-tour de leur Abbé, ils eſ-coutent avec une joye qui ne ſe peut exprimer les diſcours qu'il leur tient du bon-heur de l'éternité. Car ils ne parlent que de choſes ſaintes. Les affai-res du monde, & les nou-velles du ſiecle ne leur ſont point connuës; ils ne ſe mettent point en peine des differens des Princes ny du reglement de l'Eſtat, il ſe contentent de prier tous les jours pour le Roy, & d'eſlever pour luy les mains au Ciel, pendant qu'il gouverne le peuple que Dieu a mis ſous ſa conduite. Et meſme ils ne ſçauroient pas les changemens des Papes, ſi dans les prieres de l'Egliſe on n'en changeoit le nom. Ils ſont comme des voyageurs qui ne regardent plus le lieu d'où ils ſont partis, mais qui ont toujours les yeux ouvers pour découvrir celuy où ils vont, & qui l'attaignent en eſprit avant que d'y eſtre arrivez. C'eſt un plaiſir, MA-

DAME, d'entendre discourir Monsieur l'Abbé du bon-heur de l'autre vie. Ses paroles sont comme un feu devorant qui embraze ceux qui l'escoutent. Vous vous souvenez peut-estre bien encore avec quelle eloquence il s'exprimoit pendant qu'il étoit à la Cour, & qu'il parloit des choses du siecle ; C'est incomparablement avec plus de force qu'il parle des choses du Ciel ; de la consommation du monde; de l'aveuglement des hommes qui preferent la jouïssance d'une vie si courte, & si remplie de miseres aux douceurs d'une felici-

té eternelle ; du bon-heur des Saints, de l'eſtat bien-heureux de ceux qui poſſedent icy bas un veritable amour de Dieu. Il les compare à un miroir exposé au Soleil dans lequel il s'en forme un autre, dont la lumiere éblouït les yeux. Car une ame remplie de cét amour eſt ſi penetrée de la Divinité qu'elle ſemble eſtre deſ-ja la meſme choſe que Dieu.
„ Et comme l'or, dit-il,
„ des Philoſophes purifie
„ tellement tous les au-
„ tres metaux qu'il les
„ change auſſi en or ; ainſi
„ dans la fin des temps,
„ Dieu conſommant & pu-

rifiant toutes choſes ren- "
dra ſes Eleus ſemblables "
à luy. "

Quand on luy parle de la penitence, & de la vie auſtere qu'ils pratiquent, il conte cela pour rien, & ne croit pas que des Religieux qui ont une fois quitté le monde, & ſe ſont donnez ſerieuſement à Dieu, doivent faire eſtat de toutes les mortifications qu'ils peuvent endurer. Nous ſervons un Mai-
ſtre, dit-il, qui s'eſt anean- "
ti pour nous, & qui s'eſt "
dépoüillé de la gloire de "
ſa Divinité pour ſe reve- "
ſtir de noſtre miſere. "
Nous ne pouvons eſtre "

„ ſes vrays imitateurs qu'en
„ nous aneantiſſant. Il faut,
„ ſi nous voulons avoir part
„ au bonheur de l'Eterni-
„ té , ſouffrir pour luy
„ comme il a ſouffert pour
„ nous , & renonçant à tout
„ ce qui nous regarde , re-
„ noncer meſme à noſtre
„ propre volonté.

Ce ſont là, MADAME, les diſcours de ce merveilleux homme, & les ſujets ordinaires de ſes entretiens, dans leſquels ſes paroles ſont accompagnées d'un air ſi plein de joye, que l'on aperçoit aiſément combien ſon ame eſt perſuadée de ce qu'il dit, & du plaiſir qu'il reſſent lors qu'il répend ainſi au dehors les veritables ſentimens de ſon cœur qu'il taſche de communiquer à tout le monde.

Des penſées ſi Saintes, & un ſi grand détachement pour toutes les choſes de la terre, rendent une vie bien tranquille, & qui ne peut eſtre ſuivie que d'une mort glorieuſe. Depuis que Monſieur l'Abbé a mis la reforme dans cette Abbaye, il n'y eſt mort qu'un Frere Oblat, & un Religieux Profez. Le premier eſtoit un Gentil-homme de Champagne, qui aprés avoir donné tout ſon bien aux pauvres à l'exem-

ple de ſon frere aiſné, qu
s'eſtoit retiré dans l'Ab
baye de Perſeigne, lor
que Monſieur l'Abbé y fai
ſoit ſon Noviciat, alla l'
trouver, & quelque temp
aprés ils vinrent enſembl
à la Trappe, où ils ne de
manderent autre choſe qu
d'eſtre les moindres des ſer
viteurs; l'aiſné y demeur
encore, & continuë la meſme ſorte de vie qu'ils a-
voient commencée ſon
frere & luy. Le plus jeu-
ne eſtoit le Portier de l
cour, & ſervoit à toutes
les choſes les plus baſſes,
& les plus penibles. Mon-
ſieur l'Abbé luy avoit fait
baſtir une petite loge pro-

ché la porte où il pouvoit faire du feu, & s'accommoder d'une maniere moins austere que les Religieux. Cependant l'on peut dire qu'il les surpassoit tous dans ses austeritez, tant par sa façon de vivre toute semblable à eux, que par le travail continuel où il s'occupoit, & les exercices tous particuliers, dont il mortifioit sa chair; & qu'il estoit dans le Monastere, comme ces Estoilles que l'on voit au Ciel qui sont d'autant plus eslevées qu'elles paroissent plus petites, & avec moins d'esclat. Il estoit vestu en Seculier, d'un simple habit brun avec un long juste-à-corps de mesme, & ceint d'une courroie ; un meschant chapeau, & des sabots. Il y a deux ans qu'il souffrit tant de froid pendant l'hyver, & son corps en fut si penetré, qu'il luy vint trois ulceres à la mamelle gauche, & deux à une cuisse. Estant tombé dans une extreme foiblesse, il demeura malade d'une petite fiévre intermittante, mais avec de si grandes douleurs par tous les membres, & une oppression d'estomach si violente, qu'il ne pouvoit pas se remuer pour changer de place. De sorte que soufrant continuellement un ſtme, ce luy eſtoit un grand ſoulagement quand il pouvoit quelquefois ſe tourner ſeulement un peu, ce qui luy arrivoit rarement. Cependant il enduroit ſes maux avec une patience admirable, & au lieu de ſe plaindre au plus fort de ſa douleur, il loüoit Dieu des graces qu'il luy faiſoit. Si Monſieur l'Abbé l'exhortoit à prendre de la nourriture, & penſoit compatir à ſes peines, il luy témoignoit qu'il eſtoit encore trop heureux. Il n'y a pas un de " vos Religieux, luy diſoit- " il, qui ne ſouffre mille "

„ fois plus que moy. Quand son mal luy donnoit quelques momens de relasche, il s'occupoit à coudre sur son lict, & souvent à la lecture. Il n'avoit que deux livres qu'il lisoit toujours, sçavoir les Pseaumes avec un Commentaire, & le Chrestien Interieur. Quelqu'un luy conseilla de lire l'Histoire Ecclesiastique pour se divertir, mais il renvoya les livres qu'on luy en avoit donnez, ne prenant plaisir que dans les deux autres dont il faisoit la nourriture ordinaire de son ame. Un jour Monsieur l'Abbé voyant qu'il ne pouvoit plus vivre long-temps, luy parla de la mort. Voicy mon Frere, luy dit-il, le temps qui approche où vous devez paroiſtre devant Dieu ; ne craignez vous point de vous preſenter devant un Juge ſi redoutable, & qui vous doit demander un compte exact de toutes vos actions. Mon Pere, luy repartit-il, j'avouë que quand je jette les yeux ſur ma miſere, je ne trouve rien qui ne me doive remplir de frayeur ; mais lors que je conſidere la miſericorde de mon Dieu, j'ay tant de confiance en ſa bonté que quand je ver-

„ rois l'Enfer ouvert, je paſ
„ ſerois au travers de ſe
„ flammes ſans rien crain-
„ dre.

Saint Auguſtin dit qu'i y a deux miſericordes en Dieu, l'une pour le Ciel, & pour l'eternité qui regarde les biens eternels, & l'autre pòur la terre, & pour cette vie qui regarde les biens temporels. Il y auroit de la preſomption à ceux qui n'ont jamais ſervi Dieu, que pour joüir des biens terreſtres & paſſagers, de ſe croire aſſeurez qu'il leur fera part des recompenſes eternelles. Mais Celuy qui bien loin de rechercher les richeſſes du monde & les aiſes de la vie, a diſtribué aux pauvres tout ce qu'il poſſedoit, pour devenir plus pauvre qu'eux ; & qui éclairé des lumieres de la Foy, n'a jamais demandé à Dieu que cette miſericorde qui eſt dans le Ciel, peut bien eſperer qu'il ne luy refuſera pas cette grace.

Enfin, aprés quinze mois de ſouffrances, comme l'on apperceut que ſes forces diminuoient, on luy adminiſtra les Sacremens. En ſuite tous les Religieux firent la priere des agoniſans, & l'heureux moment aprés lequel ce bon Frere aſpiroit, ſans ceſſe eſtant venu, il rendit ſon ame à Dieu dans une profonde paix : laiſſant ſur ſon viſa. ge des marques de la joye de ſon ame. Car j'ay oüy dire à Monſieur l'Abbé qui me fit le recit de cette mort, que ce viſage ſi décharné par les auſteritez & par la longueur de ſa maladie, luy avoit paru ſi beau aprés ſa mort, qu'il ne ſe laſſoit point de le regarder, & ne voulut pas qu'on le couvriſt. C'eſt ainſi que la mort des Saints qui eſt precieuſe devant Dieu, eſt encore belle aux yeux des hommes ; Elle n'a rien dans ce lieu-là qui

épouvante

épouvante ceux qui la souffrent, ny ceux qui la voyent. Pendant que ce bon Frere agonisoit, les Religieux qui l'assistoient estoient retirez à un coin de la chambre & disoient Vespres: & son Frere estoit à genoux au pied de son lict. L'ayant veu expirer, il demeura sans s'émouvoir; & aprés avoir attendu que les Religieux eussent fini leur Office, il leur dit d'une voix assez basse, il est " passé un peu aprés que " vous avez commencé " Vespres. Faisant voir dans cette mort autant de constance & de soumission aux ordres de Dieu, que son

Frere avoit fait paroistre de patience, & de fermeté dans sa maladie.

Le Religieux qui est mort environ quatre mois aprés, estoit un des anciens de la Maison, & de six il fut le seul qui embrassa la reforme. Il se nommoit Dom Joseph Bernier, natif de Mortagne, & avoit fait Profession dans l'Abbaye de la Trappe dés l'année 1641. estant pour lors âgé de vingt ans. Ayant pris la resolution de quitter la mitigation dans laquelle il avoit vécu, & d'embrasser l'estroite observance de la Regle, il alla à Perseigne le premier Septembre

1663. & y commença son Noviciat. Comme avant cela il avoit mené une vie peu conforme aux obligations de ses vœux, il travailla depuis à satisfaire à Dieu par une rude penitence; en sorte que si auparavant il avoit esté une pierre de scandale, il devint en suite un exemple d'édification. Quelques mois avant sa mort, il supplia Monsieur l'Abbé de luy vouloir accorder quatre choses. La premiere de le retirer de l'Autel pour ne plus dire la Messe. La seconde de le mettre le dernier des Religieux comme le moindre de tous. La troisiesme qu'il peuſt faire une Confeſſion generalle en preſence de tous ſes Freres : Et la quatrieſme qu'apres ſa mort ſon corps fut jetté à la voirie. Il faiſoit pour cela de continuelles inſtances à Monſieur l'Abbé, qui remettoit toujours à luy accorder quelqu'une de ſes demandes au temps que les Novices qui eſtoient alors auroient fait profeſſion. Mais Dieu choiſit luy meſme le genre de peines dont il vouloit qu'il achevaſt de conſommer ſa penitence : car il le frappa d'une rude maladie dans laquelle il luy ſurvint une gangrene en un endroit de la cuiſſe fort incommode & douloureux: Et comme l'on fut obligé de luy couper souvent des chairs vives, il souffrit de tres-grandes douleurs l'espace de quinze jours. Cependant il supporta son mal, & toutes les operations qu'on fit avec une patience admirable. Le terme de ses jours estant arrivé, il receut les derniers Sacremens; Et aprés avoir esté mis sur la cendre selon l'usage de l'Ordre, pendant que les Religieux estoient à l'Eglise il rendit son ame à Dieu, disant luy mesme trois fois JESUS. Comme celuy qui estoit auprés de luy entendoit prononcer ces paroles d'une voix plus forte que de coustume, il croyoit qu'il se trouvast mieux, & que c'estoit quelque sentiment extraordinaire de douleur qui les luy faisoit proferer, ainsi il mourut sans qu'on s'en aperceut.

Il faut avoüer, MADAME, que dans l'art d'aymer Dieu, il y a des secrets qui ne sont connus que des Saints, comme dans les autres arts, il y en a qui ne sont connus que de ceux qui les pratiquent, & que le reste des hommes ne peut penetrer. Pendant que ce bon Pere menoit autresfois sous un habit de devotion une vie toute mondaine, il n'auroit jamais pensé à punir son corps d'un supplice infame; & rien ne luy auroit paru si odieux que d'estre condamné aux peines qu'il demandoit luy mesme qu'on luy imposast. Cependant quoy qu'il eust chastié son corps par de laborieuses penitences depuis qu'il eut embrassé la Reforme, & qu'il semblast l'avoir purifié par l'eau de tant de larmes qu'il avoit versées, & de tant de rudes austeritez qu'il avoit souffertes pour sanctifier son ame; il croyoit ne pouvoir assez se vanger de luy. Il le regardoit avec tant d'horreur, qu'il vouloit comme l'aneantir ; & en le privant de l'honneur de la Sepulture, dont il s'estoit rendu indigne par les desordres de sa premiere vie, effacer son nom de la memoire des hommes.

Ces sentimens d'une ame penitente sont des sacrifices que Dieu regarde avec joye. Mais comme il fit paroistre à Abraham qu'il estoit contant de son obeïssance, & de la disposition de son cœur, Monsieur l'Abbé qui parmy ses Religieux est la voix de Dieu, & l'interprete de sa volonté, fit voir par sa prudente conduite à ne pas condeſcendre entierement au deſir de ce Religieux, combien les ſecrets d'aimer & de ſervir Dieu ſont, comme je viens de dire, inconcevables ; & que ne les pouvans connoiſtre, on les doit admirer ſans s'eſtonner pourquoy l'un ſemble eſtre ſi cruel à ſoy meſme, & l'autre ſi miſericordieux : Et ne pas juger legerement des évenemens ſi extraordinaires, & ſi ſurprenans qui paroiſſent dans la vie & dans la mort des Saints.

Je ne ſçay, MADAME, quand je finirois ſi je voulois vous eſcrire tout ce que j'ay apris, & ce que j'ay veu dans cette sainte Solitude du détachement de ces Religieux pour toutes les choses du monde; combien ils en font peu d'estat, & avec quel courage ils travaillent pour ravir le Ciel. Un jour nous entretenans avec Monsieur l'Abbé dans sa Biblioteque, car pour lors nous estions trois personnes avec luy, dont l'une estoit un tres-pieux Chanoine de Paris, & tres-sçavant, Docteur de Sorbonne de ses amis particuliers; & parlant du mépris des choses de la terre, un de nous luy dit qu'il y avoit des gens qui s'étoient ſcandaliſez de ce qu'il ſignoit, diſoient-ils, en Eveſque, ne mettant au bas de ſes lettres qu'Armand Jean Abbé de la Trappe, & de ce qu'il ſe ſervoit encore du Cachet & des Armes de ſa Maiſon: Ces perſonnes, repliqua-t il, s'abuſent bien, car encore que je peuſſe ſigner de la maniere qu'ils reprennent, ſans qu'on deuſt y trouver à redire; puiſque beaucoup d'autres en ont uſé ainſi, & qu'il y a meſme pluſieurs lettres de ſaint Bernard où il a ſigné ſimplement Bernard Abbé de Cler-

„ vaux, depuis neantmoins
„ que je ſuis Religieux ,
„ il ne m'eſt point arrivé
„ d'écrire mon nom ſans
„ mettre une F. au devant,
„ Et pour le Cachet dont
„ nous nous ſervons , c'eſt
„ celuy de l'Abbaye où il
„ y a deux chevrons qui
„ font partie des Armes
„ du Fondateur , comme
„ l'on peut voir dans les
„ voutes de noſtre Egliſe:
„ Je ſerois bien malheu-
„ reux , continua-t-il , ſi
„ aprés avoir quitté tout
„ le train & les commo-
„ ditez que je poſſedois
„ dans le monde pour me
„ ſauver plus ſeurement ,
„ je conſervois encore un

ſi foible deſir d'honneur, "
& mettois mon ſalut au "
hazard, en m'attachant "
à un point de vanité ſi "
ridicule. Mais il faut que "
le malin eſprit ſe meſle "
toujours de nos affaires. "
Et ſur cela il nous aprit que pour détourner un de ſes Religieux, qui eſt encore preſentement Novice, l'on avoit ſuppoſé une lettre de luy par laquelle on mandoit à ce Religieux de ne manquer pas en venant à la Trappe d'apporter la ſomme d'argent, dont on eſtoit convenu. Il eſt vray que ceux qui avoient eſcrit la lettre avoient ſigné Dom Pierre

Abbé de la Trappe, & il ne fut pas mal-aisé à ceux qui la receurent d'en connoiſtre la fauſſeté, tant par le Caractere & le changement de nom, que par cette propoſition intereſſée ſi contraire à l'eſprit de cette maiſon. Mais ces petites diſgraces, & tout ce que le Demon pourroit ſuſciter de ſemblable contre Monſieur l'Abbé, eſt tellement au deſſous de luy, qu'il ne les aperçoit „ſeulement pas. Laiſſons, „nous diſoit-il, parler le „monde tant qu'il voudra; „qu'il nous loüe ou qu'il „nous blaſme, ne l'eſcou-„tons point; & ſans nous

arrester un moment pour "
toutes les choses qu'il "
peut faire & dire, allons "
toujours droit à Dieu, "
qui est le seul & unique "
objet que nous devons "
regarder, & à la voix du- "
quel nous devons respon- "
dre. "

Il me semble, MADAME, que nous voyons dans les operations de la Grace, beaucoup de ressemblance à ce qui se passe dans les productions de la Nature. Lors qu'un glan est semé, & que l'humidité & la chaleur de la terre l'ont corrompu, ce petit germe qui en est comme l'ame, se despoüillant de ce qu'il y a de grossier qui l'environne, jette aussi-tost une profonde racine en terre, & n'en sort point qu'il n'ait establi les fondemens solides de ce grand arbre qui paroist ensuite, mais qui s'esleve avec tant de vigueur, qu'il surpasse en force, & en hauteur tous les autres arbres des Forests, & malgré les vents & les orages porte sa teste jusqu'au Ciel. Peut-on pas dire que la grace a fait quelque chose de semblable en la personne de ce saint Abbé, puis qu'ayant quitté le monde pour s'enterrer au milieu de ce desert, aprés s'estre despoüillé de tous ſes biens de patrimoine, de tous ſes benefices, de ſes charges, de ce grand nombre de valets & de chevaux, de tous les honneurs qu'il poſſedoit, & des pretentions qu'il pouvoit avoir par ſa naiſſance, par ſon merite, par ſon eſprit & par ſon grand ſçavoir : Aprés, dis-je, avoir quitté toutes ſes aiſes, & les douceurs de la vie du monde, il a commancé en ſe deſrobant aux yeux des hommes, & en s'humiliant devant Dieu à jetter les profondes racines d'une ſolide Vertu qui ne peut eſtre toujours cachée, &

qui l'eslevant vers le Ciel à mesure qu'il s'abaise par son humilité, le met au dessus de toutes les tempestes, & des agitations que la malice du Demon pourroit esmouvoir contre luy.

On observe dans tous les arbres, que ceux qui croissent dans les lieux les plus rudes & les plus pierreux sont plus forts, & d'un bois moins corruptible: on peut dire de mesme que c'est au milieu des austeritez, & des mortifications que la vertu de ces Saints Religieux se fortifie, & devient à l'espreuve de toures ſes attaques du monde & de l'Enfer.

Il y a, MADAME, aſſez long-temps que j'ay l'honneur de vous entretenir, je remettray donc à une autre fois à vous dire ce qui me reſte. Car il ſe rencontre des choſes ſi particulieres, & des circonſtances ſi conſiderables dans la vie de ces Solitaires, qu'il eſt difficile de les eſcrire toutes, mais qui cependant rendent cette vie merveilleuſe.

Lors qu'on lit l'Hiſtoire des anciens Solitaires, il arrive ſouvent que l'eſloignement des lieux où ils pratiquoient leurs austeritez, tant de Siecles qui se sont escoulez depuis, & l'Eloquence de ceux qui ont sceu mettre leurs actions dans un beau jour, sont cause que nous n'avons pas assez de foy pour toutes les choses qu'ils rapportent. Mais, MADAME, je ne vous escris rien qui ne paroisse aux yeux de tout le monde. Ces merveilles se passent de nos jours, & au milieu de la France, & je dois bien moins craindre d'estre soubçonné d'en parler avec exageration, que d'estre blasmé de ne pas remarquer assez exactement tout ce qu'on en peut dire. Je suis.

MADAME,

Vostre tres-humble & tres-obeïssant serviteur.

**

PRIVILEGE DU ROY.

LOUIS PAR LA GRACE DE DIEU ROY DE FRANCE ET DE NAVARRE : A nos amez & feaux Conseillers les Gens tenans nos Cours de Parlement, Maîtres des Requestes ordinaires de nôtre Hôtel, Prevost de Paris, Baillifs, Senéchaux, leurs Lieutenans Civils & tous autres nos Justiciers & Officiers qu'il apartiendra, SALUT. Nôtre amé FREDERIC LEONARD l'un de nos Imprimeurs ordinaires, nous a fait remontrer qu'il luy auroit esté mis entre les mains un petit manuscrit en forme de lettre, contenant *La description de l'Abbaye de nostre Dame de la Trappe*, laquelle il desireroit faire imprimer, s'il en avoit nos Lettres sur ce necessaires : A CES CAUSES, voulant favorablement traitter ledit Suppliant, nous luy avons permis & permettons par ces presentes, de faire imprimer, vendre & debiter par tous les lieux de nostre obeïssance ladite *Description de l'Abbaye de la Trappe*, en tel volume, marge, Caracteres, & autant de fois que bon lui semblera, pendant l'espace de sept années à commencer du jour qu'elle sera achevée d'imprimer, pour la premiere fois; pendant lequel temps faisons tres-expresses deffences à tous Libraires, & Imprimeurs & autres, de quelque condition qu'ils soient, d'imprimer, faire imprimer, vendre & debiter ledit Livre, sans le consentement de l'exposant à peine de trois mille livres d'amande, confiscation des exemplaires, dépends, dommages & interests: à condition toutefois d'en mettre un exemplaire en nostre Bibliotheque publique, & un en celle de nostre tres-cher & Féal Chevalier Chancelier de France le Sieur Seguier, avant les exposer en vente, à peine de nullité des presentes: du contenu desquelles nous voulons & vous mandons que vous fassiez joüir l'exposant ou ceux qui auront droit de luy, pleinement & paisiblement: Voulons qu'en mettant au commencement ou à la fin dudit Livre un Extrait des presentes, elles soient tenuës pour duëment signifiées. COMMANDONS au premier nostre Huissier ou Sergent, faire pour l'execution desdites presentes tous exploits requis, & necessaires, sans demander autre permission : CAR tel est nostre plaisir. DONNE' à Paris le quatorziesme jour de Janvier, l'an de grace, mil six cens soixante & onze ; & de nostre Reigne le vingt-huitiesme. *Signé*, Par le Roy en son Conseil, DALENCE'.

Registré sur le livre de la Communauté des Imprimeurs, & Marchands Libraires de Paris, suivant l'Arrest du huitiesme Avril 1653. aux charges portées és presentes Lettres, & qu'il sera imprimé par un des Imprimeurs à Paris reservez ; le 26. Ianvier. 1671.

Signé, LOUIS SEVESTRE, Syndic.

www.ingramcontent.com/pod-product-compliance
Ingram Content Group UK Ltd.
Pitfield, Milton Keynes, MK11 3LW, UK
UKHW021058200726
13857UKWH00003B/999

9 782012 722507